讓靈魂活出
更好的樣子

每一個階段不同的陷落，都是讓我們內在覺醒的機會，
只要懂得面對，即便世界讓你心碎，也不至於崩潰，
終會再生更好的自己。

田定豐——著

洪健哲 Frank Hung——攝影

U0014293

目次

Part 1
面對自己

——VERSE 創辦人 張鐵志

定豐的人生很豐富，有明星般的亮麗，也有旁人難以理解的低潮，但最難得的是，他能夠非常誠實地自我挖掘，而且將那些暗黑的與失落的內心風景，轉化成一種真正的正能量：不論是蔬食的推廣、身心靈的療癒，或者這本關於如何面對自我與他人的人生之書。

別辜負了雞湯——暢銷作家 崴爺

　　心靈雞湯，在我少年時代曾經是一種正面、稱讚的名詞呢！而我，也是被「雞湯文」餵養大的孩子。

　　少年時期，我會用空白的剪貼簿，把報章雜誌上喜歡的勵志文章剪下來，貼成一本一本地收著。

　　喜歡勵志文的「力量」，從這些文章裡，我看到更大的世界；它們也讓我相信，我可以成為更好的自己。

　　現在能活得這樣正向陽光，應該都是被這些文章耳濡目染的成果吧。

　　但，不知道從什麼時候開始，只要被貼上「雞湯文」的標籤，像是帶著一點貶抑，暗指看似有料，卻沒啥用處的文章。

　　其實，這要看熬雞湯的「主廚」是誰啊！

　　一個沒有經歷過人生低谷、高峰、再起的主廚，當然熬不出真材實料的雞湯。

　　《讓靈魂活出更好的樣子》的作者田定豐，是我從小就認識的大哥，我也算見證了他在生命、事業上的起起伏伏；那種如雲霄飛車般起伏、震撼，如果心靈素質不夠強大，真的會讓人懷疑人生。

　　豐哥對生命的韌性和態度，一直都是我學習的榜樣。

　　當我閱讀書裡的文章，透過他的文字和照片，我看到了遼闊的心境和

世界，像是從另一個高度和角度，去看待人生的風景。

所有的壞，都是來教我們怎樣成為「更好」的自己。

而每一個階段不同的陷落，也是此生要來學習修補的課程。

記得，你本來就是最好的自己。

一個人的價值觀，決定了一生的視野。

如果，你眼裡看到的是充滿希望的世界，你就會活得充滿希望；如果，你看到的是痛苦的世界，你的人生只會越走越苦。

《讓靈魂活出更好的樣子》，我認為它是一本很棒的人生的工具書，教你如何回歸到「自己」的原點，重新思考人生的價值和意義；用七十七個正面觀點，把人生的負面能量，轉化成為你的正力量。

豐哥用人生熬煮的純、正、濃雞湯，不摻一滴水、不加人工香料，你可千萬別辜負了這碗「真雞湯」啊。

豐和日麗背後的靈魂

——作家、正向心理學推廣者 劉軒

多年前，收到定豐的《豐和日麗攝影詩集》，有種如獲至寶的感覺，看著定豐透過文字和攝影細膩刻畫出他對於人生的體悟，而兩種媒介結合所激出的火花，帶給我相當大的觸動。

這次，定豐與新銳攝影師洪健哲合作，而他則卸下掌鏡人的身分，轉而成為鏡頭中的主角，再度用攝影和文字所交織出的浪漫，推出了這本《讓靈魂活出更好的樣子》。

我們靈魂的樣子是什麼呢？你會發現，這個社會所推崇的價值觀並不

鼓勵人們去思考這方面的問題。於是，我們盲從地追求金錢、追求成就、追求亮麗外表，但卻未曾深入探索自己的內心真正想要追求的是什麼？

熟悉定豐的朋友們，都知道他的人生充滿驚奇。而他之所以能夠有如此精彩的人生經歷，就是來自於他堅持不懈的自我探索。他從不安於一時的成功，不斷地勇於踏出舒適圈。也因為這樣，他能一次又一次地轉換跑道，開創第二人生。他是台灣音樂圈的中流砥柱，也是推動蔬食生活的先

驅，更是遊歷世界的攝影作家。

　　在這本書中，定豐爬梳過去人生經歷所帶給他的體悟，並赤裸地自我揭露那些曾經的不堪、童年的創傷，以及最終與家暴父親的和解。從他的文字，以及他的身影，你可以感受到他的痛苦，更能感受到他的豁達。這些字字句句，都是他經過歲月洗練後，所看透的道理和感觸。

　　我相信，大家能夠透過這本書，感受到定豐與眾不同的勇氣，以及對人生的好奇心。我也希望大家，能透過這本書，找到自己的力量。不要害怕失敗、不要害怕挫折、不要剝奪自己冒險的機會、侷限了自己人生的可能性。當然，過程中或許有迷惘、或許有痛苦，然而，就像定豐所說，那些所承受的痛苦，最後會成為人生的禮物。也感謝定豐以這本《讓靈魂活出更好的樣子》，給了我們一個這麼好的禮物。

十年——田定豐

有多想要成就理想中的美好生活，就得承受多大的痛苦練習。

在過去十年，我賣掉了自己的音樂品牌、帶著相機去看世界、出版了自己的第一本書《豐和日麗攝影詩集》。在做《豐和日麗攝影詩集》的新書宣傳時，我帶著滿腔熱血，說著自己第二人生的夢想。有一位採訪我的記者，在訪問完離開時跟我說：「你在雲端上太久了，這一時的熱情撐不了多久，很快你就會回來了。」

這一盆從天而降的冷水，讓當時的我錯愕得不知道該如何回應。

之後我從西藏、印度、尼泊爾；從秘魯、冰島再到非洲肯亞……走了三十多個國家後，我才發現，自己的生命，竟一點一滴地在慢慢改變，然後重組成一個不一樣的自己。這條叉路一走，就是十年了。

十年，讓我有機會接觸到不同的文化差異，並在對世界有了重新的理解後，才懂得謙卑地觀照自身的生命經驗，與之對話。

但這從來都不是簡單的事，別人以為我成功跨界、如此幸運的背後，

我卻得一再面對這個社會讓我無從理解的複雜，不斷領受對人性失望的苦痛。在經歷各種形形色色的謊言、背叛、醜陋後，我才終於能明白當年那位記者對我說的話。

過去我的生活圈太小也太單一，

很難有太多的摩擦與撞擊，進而提供自己反思的機會。

直到這十年走來，我才理解生命不可能不經歷別人帶給你的苦痛。但苦痛是病根，有相信才是解方。

這十年，很多人說我跨界跨很大，

讓靈魂活出更好的樣子

從自己拿起相機，到推動年輕藝術家
經紀開始，到為台灣茶王創立品牌，
從攝影書到人生經驗書寫的勵志書，
再到建立全世界第一份蔬食評鑑指南
系統，讓更多非蔬食者也願意嘗試不
同的飲食生活方式，對自身健康、對
生命平等、對環境的尊重做出我們的
貢獻，而我也終究沒有讓自己對自己
失望。

雖然，現實世界裡人性翻湧，如
海浪般席捲而來，我仍堅持良善的底
線，直視自身的陰暗面，讓自己能更
貼近真實。而這些遭遇也讓我明白，
人生裡沒有理所當然的美好，這些突
如其來的非我所願，也有可能是自己
限制性的信念所創造出來的。

謝謝這一本書，它讓我能抽絲剝
繭每一條信念，確認那些真實的發生，
不過是對自己生命的驗證而已。

以文字感受勇氣，
藉照片浪漫相逢
——洪健哲 Frank Hung

　　藝術，是在我接觸攝影前既嚮往卻下定決心遠離的一個領域。

　　小時候在畫畫教室，不管老師怎麼引導上顏料，最後的畫作，周圍的人總會問上一句：「怎麼又把東西畫得那麼暗沉呢？」

　　有一次爸爸媽媽帶我和弟弟去看棒球比賽，媽媽趁機教弟弟顏色，在看台上指著遠方，問弟弟棒球場的草皮是什麼顏色？我搶著回答紅色……我只記得媽媽不問弟弟了，表情怪異地反覆問我：「草皮是什麼顏色？球員跑壘的有土的球場是什麼顏色？」只見媽媽一臉驚訝……

　　那些對我的畫作屢屢給予「泥土色調」的回應、我母親在球場上的疑惑，終於在學校做辨色力檢查時得到了解答——紅綠色弱。有很長的一段時間，我都不敢承認自己的這項辨色力缺陷，怕自己認識及建構起來的世界崩壞：我所看到的景象並非所看到的。所以當別人認知我是「色弱」而刻意問我顏色時，我只能心虛而逃避

地說:「我看得到顏色,只是叫不出名字!」

　　二〇一五年,我從朋友那裡第一次接觸單眼相機,開始對黑白攝影產生興趣,在黑白照片中,我有極大的安全感。一聲聲的快門聲不停地在我腦中迴盪,彷彿在訴說,我找到我與藝術這門領域接通的橋樑!與這個意想不到的夥伴培養默契的過程中,我重拾了對藝術的興趣,而師長也給予鼓勵與肯定。我用相機在快門的幾毫秒中勾勒出眼中看到充滿幾何配置的

讓靈魂活出更好的樣子

世界，再藉由社群媒體分享給大家，當我身邊的家人朋友開始在話題中討論及支持我的照片時，我逐漸有信心讓藝術再次走進我的生活中了。在 Instagram 上，我從原本只專注在黑白照片，到現在非常享受拍著一張張有色彩的照片，真真實實地刻畫著我成長與克服色弱的軌跡。我依舊無法確實分辨別人眼中的紫色與藍色、粉紅色與灰色，但我已不在意和逃避！我那值得信任的夥伴會將我瞬間看到的人事物記錄成永恆，與大家分享。

與豐哥的偶遇——

去年，我聽到 Jacky 在他的 Podcast 節目「電扶梯走左邊」中，用「浪漫」這個詞來形容豐哥《豐和日麗攝影詩集》上的照片，這立刻引起了我的注意。在我的「幾何世界」中，從沒想過可以用「浪漫」這個詞來形容照片，更沒想過這個詞能夠展現一個人處事的個性與照片中的感情。所以我馬上在 Instagram 上找到豐哥，並按下追蹤，想要更了解這位陌生人。隔天，豐哥向我提出跟他合作這本書的想法，這個想法和機會對大學剛畢業、準備出社會的我來說近乎是瘋狂的！當然，我馬上就答應了豐哥的邀約。

透過這一年的拍攝過程、在路途上的閒聊，我深深體會到，豐哥所相信的好奇心及勇氣可以在不同領域成就自己。從像是他在種種困難中跨領域推廣蔬食，或是我們到難以涉足的拍攝地點，或是找我一起出版這本對他來說別具意義的第十本書，這些事情巧妙地展現出豐哥充滿勇氣與好奇心的人生理念。希望此刻捧書閱讀的各位也能感受到文章中豐哥的勇氣，與照片中「浪漫」的豐哥。

謝謝豐哥信任我，讓我有機會和大家分享我眼中的瞬間。

謝謝一直支持我拍照的家人、師長和朋友。

謝謝沒有因為一些缺陷而放棄愛好美感的自己。

Part

1

面──對──

自──己

擺脫限制性信念
才能創造新的人生迴路

很多人都不滿意現在的自己，或者帶著無奈過生活，也說不上究竟是好還是不好。因為，我們花了大半生的時間，走在別人的期待，也覺得理所當然的路上。

也許，擁有了別人眼中的事業成功，或是財富自由，或是歲月靜好，但只有我們心裡明白，成功背後付出的代價、財富自由後的空虛、歲月靜好下不曾止歇的內心翻騰，這些滋味只能獨自品嚐，而別人的羨慕，也只不過是我們哄騙自己的假象。

真相是全世界有多少的富豪選擇自殺；有多少的有錢人為了爭奪家產不惜撕裂親情；有多少人表面跟你稱兄道弟，背後卻挖洞讓你墜入深淵。這些是每天都在上演的情節，你覺得他們的歲月要如何靜好？那我們呢？我們可能還在為經濟不夠穩定煩惱、為父母健康而擔憂、為小孩的各種問題感到挫折，也為同事間的明爭暗鬥覺得委屈而力不從心！生活，怎麼會

這麼難?生活本就不是一件容易的事,不管是讓你看了覺得羨慕的人或者是你自己,如果不能有自我覺察的能力,那麼我們依舊在自己的生命中輪迴,經歷著重複的人事物所帶來的相同煩惱和痛苦。

我自己人生所經歷最大的課題,與「金錢」有關。

前年,我和好友李欣頻聊天,談到我從年輕時到現在,常常會因為借錢給朋友,然後承受失去朋友的遺憾,身心靈作家李欣頻說我中了金錢的「木馬」。

什麼是金錢的木馬?她透過一套自己設計的遊戲和我互動,在互動過程裡,一步步解開我金錢上的木馬限制。

原來,這項課題跟我的父親有關。我從小就知道,為了生存,必須學會賺錢,但我心裡卻又輕蔑金錢,並刻意和金錢保持距離。之所以會這樣,是因為我看見父親擺脫貧窮、邁向富有的過程,知道成功必須仰賴自己白手起家的能耐;與此同時,我也看見他揮金如土,把金錢當作收買人心的武器。而我繼承了他賺錢的能力,卻也中了鄙視金錢的木馬,這成了我心底一個「刻意忽視金錢」的魔咒,使得我不斷踩進失去金錢的陷阱。

我在十八歲到處打工的時期，結交了幾位朋友。那時，我在台北八德路租了一個小房間，更精確地說，那是一間廚房。房東用木板把房子隔成四間小房間，我租的那一間就是原本的廚房，連櫥櫃都沒有拆掉。

我這幾位稱兄道弟的朋友，各有各的家庭心酸故事，所以他們常常是居無定所的，三不五時就會在夜半時分跑來我這裡借宿，等到隔天我去工作時，他們才陸續離開。當時因為沒有錢包，我的錢都塞在不同的口袋裡，沒想到有一次要繳房租時，我翻遍了所有口袋，竟然找不到我的錢，我很確定我把房租三千元放在某一件外套口袋裡的！那當下我焦急不已，畢竟我那時一個月賺的錢不超過一萬二，扣掉平日所需之後，不要說三千，就連要多存一百元都是不可能的事。現在房租不翼而飛，我要去哪裡找錢？我打了電話給這幾天借宿我住處的朋友，當然，沒有人會承認。

過了幾年，我成了種子音樂公司的老闆。那時是唱片業最衣食無虞的年代，而我的歌手又都是當時的大牌，在娛樂圈吃喝玩樂彼此攀比，錯誤的價值觀於焉形成，常常趁著週末就飛去香港大肆採購名牌，燈紅酒綠，奢華至極，和我父親的揮金如土已不分上下了！

在那樣的狀態下，我身邊總是圍繞著一群吃吃喝喝的食客，開始有人藉各種理由向我借錢，我也以出外朋友就應該互相幫忙，十萬、二十萬、百萬，一筆又一筆地借出去。可想而知，會還錢的人是少數中的少數，大多數人會遠遠地躲著我，甚至開始對我惡意中傷。

那時的我不明白，為什麼小時候朋友會偷我錢，長大後朋友借錢不還就算了，竟還來傷害我呢？

之後幾十年，我刻意和錢保持距離，雖然會極其小心謹慎地處理公司營運相關的財務管理，但個人的理財概念始終非常差，除了不再借錢給朋友之外，好像也沒有什麼進步，依然會因為「盲目信任」，在不經理智思考的情況下，就把自己辛苦賺來的錢拿去投資，無論是早期的夜店也好，或後期的文創公司，都讓我付出了慘痛的代價！

我究竟是怎麼看待金錢的？我當

然覺得它很重要，但是我卻沒有好好珍視它的價值，我只是用它來取悅自己，並作為不讓別人失望的面子籌碼。

而舉凡每個月的社區管理費、信用卡帳單……只要是應付款的項目，我都會在收到通知的當下就立刻繳清，深怕錯過期限，讓從不欠人的心理潔癖成為心中的疙瘩。

沒想到，自己對金錢的限制性信念，反而引來更多的挑釁。

之前，我和一位朋友聯名出版了一本書，我們事前協議，這本書高達一百多萬的內容製作費用全部由我負擔，我同時負責大部分影像，他則將我們討論過後的內容寫成文字。一開始我問他，一般合作有兩種模式，一是我付給你一筆費用，你不掛名作者；另一個方式是我們共同掛名，一起努力宣傳，並共享銷售版稅，他可以收取淨版稅的三十％。當時，他選擇了後者。

一直到書籍宣傳結束後的某一天，我突然收到一位讀者發來訊息罵我，說人家辛苦幫忙寫書，我怎麼不付版稅給對方呢？我一頭霧水地趕緊詢問朋友這是怎麼回事，對方卻沒有正面回應我的問題。後來我才知道，他在臉書上把我痛批一番，但因為我被封鎖，看不到內容，才會不明究理。我立刻詢問出版社，證實版稅在過年後確實有匯入我的公司。當我詢問公司會計此事，才知道，依據雙方合約，我們應該再過兩個月才需結算版稅給對方。

因為對方是我朋友，我心想他會有如此誤會，應該是有迫切的經濟問題。於是我交代會計，提早付款給對方，並要確認他有確實收到。原本此番波折該塵埃落定，誰知道又過了一週，某週刊竟然用斗大標題寫著我延遲版稅給共同作者，再細看內容，還有我與對方之間被去頭去尾的 line 對話，內容是我在第一時間還未詢問出版社時跟他說的「版稅應該還沒下來吧」，要以此構陷我，做成一則負面新聞。

當下，我立刻聯繫該記者，詢問：為什麼我明明已經告知我並未違反合約，他還要做這個不實的新聞報導，寫下這種標題，破壞我的名譽？

記者說他會把標題從「延遲」改成「爭議」。但這不是爭議，而是一件莫須有的烏龍事件吧！記者明知是假新聞仍要報導，故意誤導大眾，傷害我的名譽！

隔天，我只好在社群平台公布與出版社、與共同作者分別簽署的合約，也同時貼出銀行匯款單據，藉以證明自己被誣陷，同時也發出律師函，要求當事人道歉、說明。

同日下午，他在臉書發了簡單的道歉聲明，雖然這份聲明沒有講清楚他的背後動機，但當時我有「得饒人處且饒人」的想法，便交代律師不再追究。

但這樣就真的放下了嗎？當然不可能。對方狠踩的是我最珍視的個人信用和從不欠人的堅持。況且，即便事後澄清，但早有許多人看見這則不實新聞的標題，造成既定印象。

過了兩天，心裡的疙瘩還未退去，你以為的好朋友怎麼可以這樣對待你？這個未解開的結越纏越緊。直到我在冥想時，突然升起一個念頭：「不要讓自己的善良，成為別人傷害你的武器。」那麼，要如何不讓別人傷害，依然保持善良呢？

我從讓自己的心安靜開始，試著專注抄寫經書，在抄寫過程中，心懷對對方的祝福，讓一筆一畫都是放下。神奇的是，當我書寫完後，我的心豁然開朗了，也不再反覆思考對方為什麼要這樣對我。

從小到大，我都寧願在金錢上讓別人佔便宜，也不願意為了一點小錢而跟人在這方面有任何的困擾或爭執。我一直以為這是一個「大器」的人該有的信念，殊不知這正是我逃避面對「金錢」的木馬在作祟的結果。這幾年，所有自己在金錢上的損失，都源自這個木馬作祟。因為我只看到數字，卻未好好看見它背後的價值，無論是之前人生的大起大落，或是這些年反覆被騙、被傷害，都是這個木馬給我的教訓！

我開始尋找金錢木馬的根源，竟然和我所想的恰恰相反。我的過於「不在乎」和「大方」都是為了維持自身的面子。一見到有才華的人，便想要主動幫助對方，無論是做音樂時簽約的歌手或幕後人員，乃至後來的藝術家，甚至是跟我不相關領域的人，只要能實現他們的夢想、自覺是對這個社會有益的事情，就一股腦兒地想幫對方發光發熱，然後投入金錢和資源合作，完全忘了人性裡的貪瞋癡。

姑且不論這些合作結果是成功或失敗，遇到善良的人，他會記得並感謝你的付出；但若對方是本來就帶有目的性的人，他眼中所見的就只會是他能夠獲取的多寡，一旦和他的預期有落差，就會不惜撕破臉，甚至不顧一切地傷害你。這都是我們身邊經常可見、毫不陌生的情節。在經歷幾次明明是付出卻反覆被傷害的痛苦，才懂得看見自己潛藏的反向印記、在金錢上的破口，都是來自童年不被看重所形成的低自尊人格。等到後來自己有能力付出時，幫助別人便成為用以證明自己的使命感。只是，沒有經過更理性的判斷和觀察，就以情感作為信任的基礎，就像是故意給小偷開了一扇後門，又怎麼能期望對方不來偷走你的財產呢？

明白自己潛意識裡的限制後，我開始學習讓自己走入更內心的覺察，切斷每一個可能會傷害到自己的起心動念。在與人形成合作關係前，先想清楚，我能給的和對方願意交出的，是否真能達到雙方期待的平衡和目標，或者只是自己的一廂情願。

我們不要被自己的「限制性信念」侷限了人生的可能，但若看見它時，換個角度想，不也是創造自己人生迴路的機會？

不用假裝自己很好，
生命裡總有缺陷。

你好嗎？我很好。

這是我們面對別人時必備的反應。因為，這個社會不想看到你的軟弱、失敗與痛苦。

於是，我們早已學會不讓自己的缺陷示眾，而不斷化妝成一個離本來面目越來越遠的人。

其實，你的人生不是來對誰交代的！不僅你不需要符合社會的成功標準，即使是你的父母，也不能要求你成為他們期望的你。

因為，你就是你。

讓靈魂活出更好的樣子

　　生命中所有的一切，都得由自己承擔，誰也不能替你走半步。

　　你的好、你的壞，都是你自己在過程中選擇所經歷的結果。

　　沒有誰的一生都會「很好」的。

　　所有的壞，都是來教我們怎樣成為「更好」的自己。

　　而每一個階段不同的陷落，也是此生要來學習修補的課程。

　　記得，你本來就是最好的自己。

在讓別人喜歡之前，
得先好好喜歡自己。

每一個人都有他的價值選擇，好壞都是自己承擔。

不用把別人的眼光當成你人生的標準，更不要浪費時間要求彼此的認同。

喜歡你的，就當朋友；不喜歡你的，你再怎麼努力，他也不會交付真心。

你現在要做的是，好好地喜歡原本的自己。

讓靈魂活出更好的樣子

你不可能永遠強悍，
總得適時面對內心的脆弱。

　　脆弱也是我們心中最柔軟的一塊，不管現實多麼需要偽裝，也別把逞強當成是堅強。

　　能面對自己的軟弱，眼淚就會成為豐富生命裡，最誠實的灌溉。

看不見自身的黑暗
便無法成為更好的自己。

　　要成為完整的自己，不是強化別人所看到的你的光明面，而是你要能看見隱藏在內心的黑暗面。

　　在整個社會化的過程，我們學會壓抑自己，好討別人喜歡，卻漸漸地成為一個「濫好人」。

　　但這個「好」的你，根本不是完全的你。

　　你刻意隱藏的陰影，早就如影隨形，只要踩到過去的「創傷經驗」，就會爆發。

　　就像我自己，大部分時候，我是一個脾氣好又善解人意的人。

　　但是，有一次我在旅遊過程中，突然面對態度非常差的飯店櫃檯人員時，我平日的理智線竟然斷掉，用相同的態度回以對方，釀成衝突！

　　只是，不到五分鐘我就回復原來的理性思考，我甚至有些內疚，為什麼沒能掌控好自己的情緒。

　　再往更深層思考，原來我只要感受到別人的不友善，情緒的投射就會非常直接，這跟我成長背景的陰影有關。我從小就痛恨父親的暴力對待。所以，在往後的人生中，只要有人惡意挑釁，便會毫不猶豫地直覺回擊！

當明白自己的這項「黑暗」面，我選擇面對，認清這黑暗的源頭，讓自己有能力在情緒爆發前先拆除引信。

　　但也不會因為有這份覺察能力，我就選擇隱忍或視而不見，我會將情緒轉換成理性的語言，讓對方知道自己的不舒服。

　　當你了解陰影的轉化，就能把黑暗融入自己的人格裡，在黑暗與光明的整合過程中，擁有更真實完整的「我」。

讓靈魂活出更好的樣子

不到面目全非，
就無須對現在的自己失望。

　　每一個能走到現在的你，都一定經歷過不同的痛苦和掙扎。

　　只要沒有被現實磨到面目全非，成了連自己都不認識的樣貌，你就更應該善待自己。

所有的偽裝和虛假
終逃不過時間的還原。

　　「面具」本來就是假的，只是有的人戴久了脫不下來，才是人生最大的悲劇。

　　身處在社會中，每一個人都有因應不同環境所要扮演的多重角色。但不管哪個角色，都離不開你本來的自心。

　　只是，有的人想要快速成功、急功近利，增強了面對現實世界的「變臉」能力，以迅速獲得他所想要的名利。

　　卻忘了時間是所有真相的還原劑，只要一滴就能滲透所有的偽裝，讓你瞬間面目全非。

　　記得，不管你有什麼夢想，所有的捷徑都是魔鬼的誘惑，而一步登天更會讓你粉身碎骨。

生命中最可怕的事，不是無知。
而是對無知的無知。

　　你可以不懂事，日後透過學習把事情做到好；你也可以不懂如何待人，慢慢修正自己，做一個更好的人。

　　這些不懂待人處事的無知，都可以透過反省或別人的提醒來讓自己改變。

　　但最可怕的，卻不是無知。

　　而是你不覺得自己有問題，對無知的無知才是無可救藥。

讓靈魂活出更好的樣子

能把失敗看成祝福，
苦難就只是生命裡的過場。

讓靈魂活出更好的樣子

　　我們都害怕失敗，更擔心命運苦難的降臨。

　　但人往往在失敗時，才能真正看清自己本來面目，學習面對己身的脆弱。

　　只有在你能承認自己；不對失敗自怨自艾以後，才能明白機遇在人生中的角色，找到面對命運的勇氣。

　　那麼，所有苦難的來臨，都只是長長人生裡的一個過場而已。

讓靈魂活出更好的樣子

原地不動
也是一種失敗。

冒險會有失敗的可能，但原地不動的人生，也是一種失敗。

我們常常因為對未知的恐懼，而不敢往前跨越一步。

寧願在一個熟悉的安全區域，日復一日過著重複的生活。

當你在為別人生活的精采鼓掌時，你有想到自己也能成就更為絢爛的人生嗎？

不是你不行，只是你不敢。

我們都害怕失敗，也可能因為失敗的陰影還在心裡揮之不去，覺得自己生命之輕，無法再承受更多改變的重量。

但你真的滿意現在的自己嗎？

其實，「未知」沒有我們想像的艱難。生命無法掌握的無常變動，也不可能讓我們一直處在熟悉的狀態。

一起無法預期的事件，就有可能讓你措手不及。

既然如此，我們何不評估每一個冒險決定的最壞結果，在可以承擔的範圍之內，向前奔跑，創造生命新的可能性？

也許冒險會失敗，但留在原地不動的人生也是失敗的。

別把別人的惡口
也貼在自己的嘴上。

　　有一種人，得要靠著顛倒是非、說人壞話來建立「同溫層」，才能感受到自己存在的價值。

　　這是多麼可悲啊！

　　過去，我也曾深受這種人所害。在你面前，她口蜜腹劍；在你背後，她造謠離間。

　　多年後知道真相，一時會覺得氣憤難平。

　　但後來想一想，我何必把她的可悲變成自己的痛苦呢？

　　相信她的人，表示根本也不了解你，那麼這樣的朋友失去也不可惜；而真的認識你的人，也會跟你一樣覺得那張「惡嘴」令人厭惡吧！

　　但「人言可畏」，一張嘴有十個人附和，十張嘴就能殺死一個人，尤其是在可以匿名的網路世界裡，人性的惡更加容易顯露。用各種化名去造謠生事、傷害無辜的人，彷彿成為陰暗面的出口。

　　面對以訛傳訛的事，到我們這裡就該停止；而那些與自己無關的是非，在不清楚真相的情況下，更別急著幫忙下結論。

　　一個有智慧的人，懂得閉上嘴巴，用心觀看人事，而不會浪費時間跟著流言起舞，成為加害者的「幫凶」。

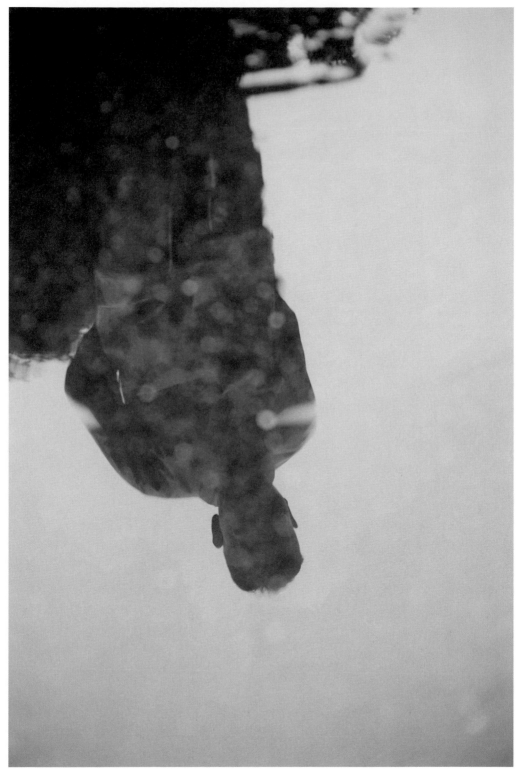

讓靈魂活出更好的樣子

不為他人的惡找理由，
也不給自己的壞找藉口。

「沒有什麼是面惡心善，只有相由心生。」

一個人內心的善與惡，經過長期積累的言行，終究會成為別人看你的樣子。

所有作惡多端的人，一定有著讓人生畏的氣質；而教養良善的人，也必然能給人親近歡喜的感受。

但很多人常忘了自己的言行，其實都是來自內心的投射。

常把不經思考、傷害人的語言，用「面惡心善」來自我包裝。

事實上，一個善良的人，是不會有所謂的「惡相」，而你也根本不需要刻意去追求表相的帥氣美麗。

因為，所有的相都是「相由心生」。

生命能否完整，
「你」是唯一關鍵。

我們總在生命中，不斷尋找一段可以讓自己快樂的「關係」，它可能是親情、愛情或是友情，好像只有與另一個人形成關係，你才能感受到生命的完整性。

但問題就出在於，每個人的思想行為，都不斷隨著時間而變化，「關係」當然也就會跟著改變。

當我們彼此開始感到「不符期望」時，關係的存在就會逐步崩解，甚至帶來更多的痛苦。

其實，我們不應該將自己快樂和不快樂的源頭，寄託在另一個人身上。

而應該向自己的內在尋找，找出自己本自具足的快樂源頭。

那麼「關係」裡的快樂，就會只是一種自我的表達，而不是來自彼此的期待，自然也就沒有所謂失望的關係了。

讓靈魂活出更好的樣子

值得追求的奢侈是幸福，
而不是奢侈品。

我們常會藉由玩樂和購物來讓自己開心。

但是大家有沒有發現，這樣的快樂其實是非常短暫的。我們常誤以為辛苦過後的獎勵，就是一種幸福。

然而，當你越用力地追求物質的欲望，往往離幸福越遠。

因為幸福本來就不是事業有成後，才能擁有的東西，而是在心裡能感受快樂的一種能力。

只是，我們常常把這種感受寄託在物質欲望的滿足，但很快地就發現，又回到內心空虛的狀態。

因為這種短暫的快樂，也不是真正的幸福。

其實，要擁有長久的「幸福感」，必須藉助你在追求真正熱愛的事物上所努力的過程，這個「過程」就是驅使我們得到幸福的動力來源。

它不是別人眼中名利的成功，更可能是別人所以為的微不足道的小事，但你卻能在其中得到付出與收穫的滿足感，這才是創造屬於你自己幸福的價值。

與其在身上堆積名牌，
你更應當成為名牌。

　　Netflix 有個真人實境節目，「璀璨帝國」，內容在講述一群住在洛杉磯的瘋狂亞洲富豪的日常生活。

　　劇中人都過著紙醉金迷、夜夜笙歌的日子，極盡奢侈的各種派對填滿了他們的生活，而他們身上也盡是名貴的高級訂製服與珠寶。

　　這讓我想到，我之前有一群在台灣常被媒體冠上「名媛」稱號的朋友，每天透過一身名牌爭奇鬥豔，見面時不斷擁抱說愛你，私下又會極盡所能地說彼此壞話。

　　你說，這樣的人生，值得你羨慕和追求嗎？

　　每個人都想要成功，也都想過更好的生活。

　　富有本身不是罪惡，不管那是努力掙來，或是因為天生命好，生下來可以什麼都不做地當公子或名媛，它都不應該是被貼上仇富標籤的原罪。

　　但是，若因為富有而失去做人該有的良善、對知識能力的追求，這樣的「富」反而會成為推進負面人生的催化劑。

　　每一個人來到這世界，都有他要學習的使命和課題。我們不用羨慕別人看似璀璨的生活，在表面之下的他和你一樣，要經歷各種必經的挫折與痛苦，甚至忍受無愛的孤獨。

和朋友人前手牽手，背後下毒手，你覺得他會快樂嗎？

他們住在超大的房子裡，但內心的寂寞，你能懂嗎？

你知道卸下一身華麗戰袍後的疲累嗎？

還有和另一半人前要演恩愛，人後卻相敬如「冰」，你應該也做

不到吧？

真的，他們沒有比你幸福。

能讓你璀璨的是豐盛的愛，一定不會是表象名牌堆積的空洞。

不要為了滿足別人的期望，
卻對自己失望。

　　人和人的關係是十分微妙的，有的人眼裡只有自己，自私，絲毫不在意別人的感受。

　　但也有一種人，為了怕別人失望，就算明知道對方的請求超過自己所能負擔，也要硬著頭皮幫忙。

　　最後，被對方認為是理所當然，而讓自己心裡不舒服。

　　我就是後者。

　　朋友的請託、求援通常都來者不拒，甚至很多來借錢的，我也看在對方急需的情況下，「錢借出去了，朋友也沒了」。

　　這樣的例子，在我身上發生過無數次，每次都學不會教訓。

　　直到今年，我開始向內探索自己不斷滿足別人的期望，卻徒自忍氣吞聲被騙的背後，究竟是什麼造成的？

　　原來，我小時候在沒有愛的環境下長大，期盼得到關愛的渴求，讓我累積了錯誤的認知系統，以為「只要不讓你在乎的人失望，就會得到愛」，所以，陷入不斷給予卻又不斷失去的惡性循環。

　　當我了解自己誤解愛的黑洞後，我便開始學會「拒絕」。

　　對於我不想做的事，我會很清楚地說不要；對於我不想借的錢（除非我當作給，不期待還），我也會直接說抱歉我幫不上忙。

　　當我有原則地守住這條底線後，不但沒有失去金錢，也沒有再因此失去朋友了。

　　不管是在精神或物質層面給予幫助，我們都要有智慧地理解自己的動機。能夠量力、無私地幫助朋友，才能維繫長長久久的情感。

　　若是為了「面子」，或是滿足自己心裡的黑洞，毫無底線地幫忙，結果通常都是委屈了自己，也失去一段關係。

讓靈魂活出更好的樣子

別讓你的溫暖付出
成了他人眼中的理所當然。

　　你是否常常幫助別人，卻被視為理所當然，甚至還吃虧了一次又一次？

　　這世界有錦上添花的人，也有雪中送炭的人，當然也會有在傷口上撒鹽的人。

　　你內心要柔軟，但也要有自己的原則、要量力而為才行。

　　否則，你的付出換來的卻是抱怨，就只能啞巴吃黃連了！

　　能做到就做，做不到就說「不」，你不為難自己，就沒有人能為難你。

就是你的忍氣吞聲，
助長了壞人的跋扈！

　　壞人，從來不會認為自己是壞人。

　　因為壞事做多了，辨別是非的心早被自己矇騙了。

　　所有的壞，都是在他成長過程裡，為了保護自己而啟動的防禦機制；或是使壞卻獲取利益，因而食髓知味，慢慢壞得理所當然而不自知。

　　在我們過去或現在的生命經驗裡，不難遇到這樣的人，不管是朋友、職場夥伴、感情牽繫的對象，甚至家人。

　　會傷害到我們的壞人，通常也都是我們所信任、親近的人。

　　當我們的心被傷害時，最常收到的安慰就是「放下吧」。

　　的確，面對無可挽回的傷害，若是一直耿耿於懷，當然也是對自己的不放過。

　　但在面對一個傷害你卻還不認錯，反而用各種顛倒黑白的故事繼續行騙天下的人，你要怎麼放下呢？

　　不管是做好、做壞的因，能在這一世得到公平的果報，這才是真正的因果。

你以為的慈悲
都是對自己的殘忍。

我們常以為「嚴以律己，寬以待人」就是慈悲。

但是，你對自己的過於苛刻，也不能算是真正的仁慈吧。

犯錯需要的是改正，而不是用自我批判來建立罪惡感的懲罰。

在寬容別人的同時，也要懂得善待自己。

讓靈魂活出更好的樣子

讓靈魂活出更好的樣子

沒有智慧的原諒，
就是對邪惡的助長。

　　社會上什麼樣的人都有，但我們的智慧未必能認清藏在看似善意背後的人性之惡。

　　不管在職場、朋友、感情，甚至家庭的人際關係裡，我們都有可能遇到表面和善，但藏身背後利益算計的自己人，直到自己身受重傷才肯認清真相。

　　問題是，即使真相昭然若揭，大部分人們會勸你選擇善良地放下，好像不放下就是不夠善良。

　　但放下真的就會過去嗎？還是，放下只是一種維持面子而被迫做出的決定，心裡根本從未釋懷呢？

　　不能從心裡釋懷的「原諒」，就稱不上原諒。

　　因為「他」還是你心裡的一根刺，每每被挑起，心裡就會再受傷一次。

　　我們大可不必拿美德當偽裝，受到不當對待，還要裝作沒事。壞人自有他的因果，我也有自己真正原諒的時間表。

痛苦，是給內在覺醒的機會。
只要不逃避，就會再生更好的自己。

　　當生命陷落時，我們心裡的感受是什麼？我在千禧年遭遇事業的挫敗時，一開始的痛苦萬分和恐懼情緒，都直指命運的不公平，我不能明白，自己已經夠努力了，為什麼要被如此懲罰？

　　然後，漸漸失去了自信，一開始覺得是自己有問題，而不斷地否定過去的成就和現在的無能為力。

　　直到我願意向內觀照自己內心起伏的來龍去脈，並理性分析外在環境的變化，開始一點一點重新建立自己的信心，面對現實而不逃避，才有重新再站起來的機會。

　　而這持續一兩年的痛苦、所有打掉重練的過程，正是改變我人生價值排序的契機，也讓自己的內心重新運作，進而影響我對外在所有發生的認知，學習接納自己和別人。

　　所以，不管你現在正經歷什麼，請先放下內心的恐懼。把心裡的視線對焦在遠處的一望無際，再回頭看看當下的我們，即使身處黑暗，也會有渺小但偉大的人生風景。

讓靈魂活出更好的樣子

越想忘記痛，
就會越苦。

人生，就是由一些人和一些事，互相交織而成的。

有人進來，也會有人離開；有人帶來美好，也會有人帶來傷痛。

沒有人可以完全掌握人生的節奏，也沒有人能抵擋無常的降臨。

既然來了就接受，離開了就感謝：感謝有他們才讓你變得不同。

如果不小心再想起，就讓它像一陣風，從你腦海裡輕輕拂過就好。

面對逆境，無須假裝樂觀。
而是把被傷害的感覺轉化成動力。

　　每一個來到這世界的人，都是藉由接受此生不同的考題，磨練智慧與能力，進而成就一個更好版本的自己。

　　沒有一生都在順境中就能成長的人。

　　在每一個階段所面臨的低潮，都是讓我們能更深入認識自己的機會。

　　面對逆境，我們當然不需要悲觀地以為是世界末日；但樂觀地假裝自己很好，其實也是一種逃避！

　　我們要做的是，記錄自己真實的感受，找出痛苦的源頭，並且面對問題，直球對決。

　　讓逆境脫離詛咒，而成為人生獨特的祝福。

不要因為受苦，
就否定了自己。

你能夠看透苦難，就會明白人生真正的意義。

就像被朋友忽略時，你能從中感受待人有「同理心」是多麼地重要。

遭受過被背叛的感覺後，你才明白「忠誠」是所有關係裡的基礎。

而當你遭受過不公平的對待，你會知道「正義」是一個善良的人所必須捍衛的價值。

所有的苦，都只是讓你能夠學習成為更好的自己的過程而已。

讓靈魂活出更好的樣子

讓靈魂活出更好的樣子

有些事不是你心裡明白
就能過得去。

身體的傷需要時間才能癒合，心裡的傷也要時間才能放下。

但不要刻意地遺忘，而是將它轉化為慈悲的力量，才能讓自己真正地釋懷。

過不去的
就不要勉強放下。

讓靈魂活出更好的樣子

有些事，不是你心裡明白就會過得去。

身體的傷，需要時間才能癒合；心裡的傷，是要時間才能放下。

所有刻意的急救，只會更加地痛。

遺憾只是
無用的多愁善感。

　　我們常為了一些不值得的人與事，讓自己的心情糾結
許久，甚至有憤怒的情緒，也停止了生命該前進的步伐！

　　往往要經過歲月洗練後回頭，才明白這些人這些事，
在生命中渺小得如此可笑。

　　所以，不要再浪費時間去遺憾，我們的人生都值得燦
爛的。

你的選擇
決定你自己的樣子。

　　人生的快不快樂，在於你選擇看到的是什麼。

　　有人選擇只看自己失去的，而只能怨天尤人；但有人選擇看自己

所擁有的，繼續微笑前進。

讓靈魂活出更好的樣子

沒有一個人可以
要另一個人放下。

　　「放下，談何容易！」因為那不是你在經歷，你不能明白那錐心的
痛楚，其實一直在隱隱作痛。

　　但是這個痛，難道要讓它一直跟隨你嗎？

　　除非你願意找出痛苦的根源，從與自己和解的過程裡，讓不甘心轉
化為對無常的理解與面對，才能有真正「放下」的可能。

　　這個過程，也只能由自己親身經歷，沒有人可以幫助你，也沒有人
有資格要你放下。

　　放不放下，都是自己。

沒有放不下的痛苦，
只有放不下的自己。

　　人生本來就不會事事如你所願，但我們就是因為「在乎」卻不可得，而感到痛苦。

　　所以，痛苦的本質大多是自尋煩惱而來的，當我們越想要掌控，結果卻越會背道而馳。

　　於是，我們就陷落在失敗的經驗中，綁住自己，以為眼前的自己會過不去。

　　其實，沒有不會過去的苦痛，只有放不下的自己。

　　要知道，沒有不犯錯的人，也沒有不會失去的關係，所有的因緣和合都自有它的道理，我們不必為此感到失敗和沮喪。

　　反而要在這時候建立自心的主導能力，讓它導引情緒走向出口。

　　如果我們失去這樣的能力，就只能與自怨自憐相伴。唯有你願意讓心念帶著你的情緒前進，才能擺脫痛苦的原地糾纏。

讓靈魂活出更好的樣子

讓靈魂活出更好的樣子

無常一再上演，
我們卻一再遺忘。

要經歷怎樣的生離死別，才能領悟生命的無常？

沒有人此生可以不經歷離別的痛苦，但這份苦痛，不是為了減少我們對愛的信任。

而是收起這份悲傷，放在心裡，成為我們還愛著的證據。

Part

2

在——愛——中——成——長

愛是沒有終點的圓

每一個人從出生開始，就在感受愛。

出生時，我的父親就去當兵，我在媽媽單親的愛裡滋養。

直到父親退伍回家，我已經是一個三歲的孩子，對我而言，他是一個脾氣很差又巨大的陌生人。經常目睹他對媽媽的暴力、讓我叫不出口的那句「爸爸」，把我們兩個的距離越拉越遠。

也因為這份陌生，往後的成長歲月，我和媽媽都成了他施暴的對象。直到弟弟出生後，我才在他的眼裡看見，「原來，他還是有愛的，只是愛的人不是我！」

於是，小小年紀的我就懂得向外尋找除了媽媽以外能給我愛的人。

我好像了解到怎麼樣可以讓別人愛我。我會主動找在我家公司工作的叔叔阿姨們，幫他們做一些工作上簡單的協助；加入學校老師的課外補習，買老師們希望我們買的愛盲鉛筆、防癆郵票……努力讀書讓自己成績亮眼，以得到老師更多的關愛；在同學間，我也經常把媽媽給的午餐錢存下來，請同學吃零食。

那時，我不過是十歲不到的孩子。

不斷想要在愛裡補洞，卻唯獨不要父親的愛。明明討好的招式全都會，卻寧願讓對父愛的渴求深埋心底，成了空洞，也不願喊他一聲爸爸。

因為如此，我和父親的關係越來越糟，幾次差點死在他的手上，這才讓媽媽有了離婚的勇氣。誰知道，他在我心裡烙下的陰影如影隨形，成了這一生最難解的習題。

十七歲時，我就離家半工半讀，靠自己養活自己，雖能幸運成就音樂夢想，有如一部勵志題材，「愛」，卻是我一再被死當的人生缺陷。

我把大部分的時間都投入在工作上，而一場接一場的戀愛，彷彿就只是生活的點綴而已，一旦觸及親密關係上的認定，我就開始想要逃跑。

明明在心裡是渴望被愛的，但只要在關係中出現些微的緊張，就反射性地主動結束關係，讓來來往往的人都成了過客，也深深地傷害了他們。

　　難道有童年陰影的人就沒有愛或是害怕愛嗎？不，不是的，相反地，我們渴求更多的愛，也願意給出更多的愛。

　　只是，當年我還沒有自我探索的能力，就把愛轉移到朋友身上，也依賴朋友之間的信任，反而培育出我心裡最柔軟也最容易受傷的盲區。

　　我在二十六歲時就成立了種子音樂公司，將當時所有時間都投入在事業上，就算忙到胃出血住院，也要企畫把所有的工作素材都拿到病房讓我一一看過才行，就是這種拚了命也要親力親為的過程掌握，才讓我初次創業就嚐到極大的成功滋味。

　　一心只想擺脫貧窮、快速成功的我，身邊圍繞著一堆吃喝玩樂的朋友，我家每天晚上幾乎都在開 Party，紅酒、鮑魚、魚翅、燕窩……是家裡每日必備食品。再擺一桌方城之戰，總要聽著大家的喧鬧聲，我才能安心睡著。當時，覺得我太需要這些朋友的愛了。

現在回頭看，才懂得那時的心寂寞到要靠「收買」才有朋友，多麼悲哀，但這根本不是愛啊！

雖然與父親的關係早已橋歸橋路歸路，我卻渾然不知自己正重複著他的人生模式。

關於與原生家庭的關係，有一句名言說道：「幸福的人一生被童年治癒，不幸的人一生都在治癒童年。」

原本以為我會是那個不幸的人。

直到千禧年那年，我的事業失敗，無助到不想見到明天的太陽，眼看自己就要被無止盡的黑暗吞噬，才鼓起勇氣去上胡因夢老師的工作坊，在許多陌生人面前，向內探索自己情感關係的失衡，我這也才開始意識到，自己不是「無情」，而是童年陰影造成我對情感關係的不信任。

但這並不意味著不配得到幸福。

之後，我有意識地調整處理情感的模式，從生活中一點一點地付出信任，把自己交到對方手上，不做掌控這段情感的角色。即使相處後，發現彼此不適合在一起，我也能面對而不逃避，甚至跟對方都還能成為朋友。我認為，曾經愛過的兩個人，即使最

後沒能走在一起，但終究付出過愛與情感，不應該轉身就成為陌生人。如果不是我們彼此給過的一段，讓我們更理解愛，又怎麼會有之後更成熟的幸福呢？

而我的父親，在消失三十多年後，被慈濟在中國發現已經中風、無法自理生活。慈濟聯繫上我和弟弟，我當時心裡是矛盾的，一個傷害、遺棄我的父親，除了血緣，我們之間還有什麼呢？為什麼我要去照顧一個沒有真正養育過我的人？後來，我想到自己多年來默默捐助一些需要幫助的陌生長者，難道不是基於對人道的關懷嗎？那麼，我又如何能真的棄他於不顧呢？莫非是因為我心裡還有「恨」？

沒有。所以我選擇將他接回台灣，由我和弟弟一起負責他在安養院的照料責任，即使他已經不認得我是誰了！

能在他前年離世前，我們就和解了這段關係，那也是值得慶幸的。因為他，我才能觀照自己在各種關係中的問題成因、來龍去脈，進而學習如何釋懷，並對愛能有更多的理解。

謝謝我的父親，讓我恐懼愛、學習愛，然後懂得愛。

在別人眼裡看愛情，
你就是愛裡的輸家。

　　不要因為外在的眼光和壓力，就急著進入一段「關係」，你明明知道這樣的關係不會有好的結果，卻因為別人而說服了自己，期望用時間去改變另一半。

　　事實上，沒有誰能改變誰，你只是在跟自己的幸福開玩笑。

讓靈魂活出更好的樣子

所有的錯過
都是來不及的遺憾。

讓靈魂活出更好的樣子

有的人就在你身邊，你卻感覺很遙遠：
有的人已成了回憶，你卻讓他刻骨銘心。

愛一個人，就要在當下理解彼此的好。

不要總是看著對方的缺點，讓自己不斷
地錯過，而活在錯失的遺憾裡。

關係裡的比較
是不斷錯過的愛。

我們總以為會遇到更好的人，但到最後，最好的人，常
常都被你錯過了。

其實，在情感的路上，沒有比較值。

只有要不要在當下把握兩個人最好的關係。

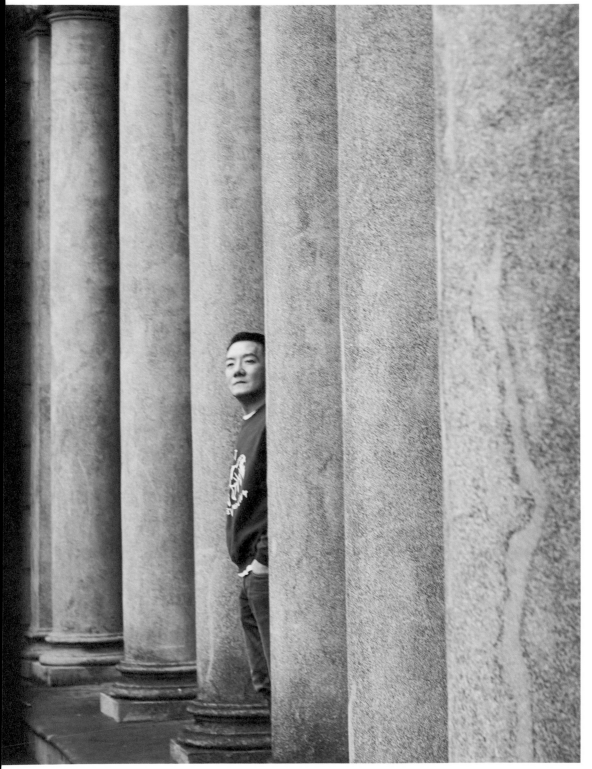

讓靈魂活出更好的樣子

沒有人是完美的，
就不會有所謂完美的關係。

不是每一段關係，都能夠達到你要的「完美」。

因為，我們每一個人對關係裡的需要，都是不相同的。

當你感到失望時，要先了解對方是給不了，還是自己想要的太多？

每一個人心裡需求的無底洞，不可能要另一個人來幫你填滿。

我們的人生課題，最終都要靠自己來作答。

不要因為自己的不滿足，而否定彼此給的愛。

不能接受自己不夠好，
就不會接納別人的缺點。

　　這樣的關係，會讓所有人都走在沒有安全感的鋼索上。

　　在努力成為更好版本的自己之前，你有真正接納過自己的問題嗎？還是我們只會看見別人的缺點呢？

　　這兩個問題的答案，其實是連結在一起的。

　　我們總是汲汲於達成普世標準、追求世俗的成就，在人生道路上，奮力攀爬前進。

　　但在這個過程裡，我們往往以自己成功的經驗作為標準，去檢驗所有來往的人。

　　而這個我們以為理所當然的標準，大都是掩蓋自己內心不足的裝飾，好讓自己成為掌控者。

　　這樣的關係不管在職場或是人際關係上都是危險的！

　　因為，你只會看見別人的問題，而不知道你所看見的，也是自己的問題。

　　你和真正的自己脫勾，卻製造一個假面的你，和所有人走在同一條看似安全卻危險的鋼索上，一旦情緒稍有失控，就會跌落這脆弱的連結。

　　只有在你願意承認，自己也是一個不完美的人，你也才能接納別人的缺點，用同理心一起解決問題，讓關係中的你們一起成長，也讓我們有機會成為更好的我們。

讓靈魂活出更好的樣子

在關係中，
沒有誰屬於誰，
我們都是自己的。

很多人在進入一段關係中，常常以為配合對方的需求就是愛，然後慢慢地失去自己。

直到分手後，才發現自己失去的不僅是對方，更是自己。

但我們都太容易在關係中，為了迎合自己喜歡的人，而去壓抑自己的感受，慢慢形成了關係裡的強弱分明。

你總是配合他而拒絕朋友的邀約，讓自己沉浸在黏膩的互動中，以為這就是幸福。

然而，這樣的「兩人世界」關係是無法持續太久的。時間會讓彼此原來的甜蜜行為漸漸空洞化，你的佔有也會讓對方從「他是愛我的」，演變為想要掙脫的心態，進而褪去了激情，最終告吹了這段關係。

你以為你只是遇到一個「錯的人」嗎？

其實不是。

如果你不願意調整自己在關係裡的分寸，在依賴和自主裡找到一個平衡的位置，不管你遇到什麼樣的人，最後都會傷害了彼此。

你都不完美了，
憑什麼要求完美？

你愛上的，是另一半的本質，還是愛上戀愛的感覺？

另一半在情人節送上美麗玫瑰花到辦公室，引來大家驚呼、艷羨連連時，心底應該都會升起浪漫的小虛榮吧？

浪漫誰都會喜歡，只是沒有人可以一直維持浪漫到永久。

於是很多女生總會在婚後抱怨另一半，婚前婚後怎麼相差那麼多！

其實，每一段愛戀關係大都是以浪漫作為開始，以激情作為催化，直到真正了解彼此。

所以大部分人都因了解而分開，只有一部分的人能修成正果。

很多時候，在激情隨著時間流轉，看到彼此的「真面目」後，發現和自己的期望產生落差，就很容易放棄這段關係。

不管這是對方刻意營造的氛圍，還是你所創造的「想像」，都是不切實際的。

要讓一段感情深化，就要懂得慢慢卸下這份「包裝」，回歸人的「本質」相處，還要能願意擁抱彼此的缺點，才有繼續向前走的可能。

這世界不存在完美，就不要期望有一個完美的人來作伴，因為你自己也是不完美的。

隱忍不等於對愛包容。

包容別人，也不要委屈了自己的心。

我們都知道，在感情世界裡，沒有包容，就很難繼續、營造更好的關係。

但很多人卻因為包容而失去了自己，關係看似平靜無波，內心卻波濤洶湧，直到再也承受不了而切斷這段感情。

我的髮型設計師小虎幫我剪頭髮時，聊起他現在感情上的困擾和委屈。前一陣子在夜店認識一個女孩，雙方互有好感，開始進行一段似有若無的情感發展。

兩人逛街時，女生會在看到自己喜歡的東西時，拿起看看後說：「現在還買不起，等有錢再說吧。」

這時候，小虎當然會趕緊拿去結帳送給女生，讓她開心。對男生來說，喜歡一個人就應該對她大方，只是這樣的頻繁購物也讓小虎開始感到拮据。

但因為他真的太喜歡這個女孩，而一直沒有跟女生說出自己的壓力。

女生也沒有因為小虎在物質上的體貼而更愛他，反而在生活中挑出很多問題，讓雙方一直處在忽遠忽近、似有若無的關係當中。

小虎不斷告訴自己，再多努力一點，關係就會越來越好的。於是，從物質需求到跋扈的公主性格，小虎都唯唯諾諾地伺候著，慢慢地也變成一個不像自己個性的人。

我問他，你覺得幸福嗎？

他說，因為愛，所以可以忍受。

在關係裡竟然用到「忍受」這樣的感覺形容？

小虎坦承，他害怕說出自己的感受，擔心對方會就此離開！

所以，根本只是用自己的委屈在維繫這段感情，在女生做自己的同時，你卻只是用包容在隱忍。

這在關係裡就是一個願打一個願挨。你認為的付出，在對方看來都是理所當然。

因為，你沒有讓對方認識真正的你，你也沒有在互動中表達過你的真實感受。

也許，她根本不會因為你在物質上的滿足而得到快樂；也許，正因為你的唯唯諾諾，才讓她成為驕縱的小公主。

不要因為所謂的包容而委屈自己的心，沒有讓對方看見自己也不算包容。

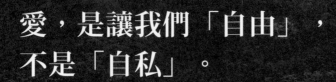

愛，是讓我們「自由」，
不是「自私」。

「佔有不是愛，佔有只是你滿足自己安全感的手段。」

我有一個朋友和另一半剛交往滿一年，交往初期，經常因為對方無預警地出現而覺得驚喜連連；兩人相處一陣子之後，對方不時會問起他每天的行程，他也不以為意地坦白相告。

有一天，他跟男友說，明天我不會進公司，因為要去某個地方上課。

隔天晚上，男友突然跟他說：「你果然沒有騙我！是真的去上課！」他嚇了一跳，問他為什麼這麼說？男友才說：「我有去你教室外面看著你上課。」

　　當他告訴我這段對話時，我第一個反應是，那你怎麼看這件事？

　　朋友說：「一開始我嚇了一大跳，感覺像被不信任地查勤！但他說因為愛我，才會想知道我在做什麼。」

　　其實，這根本不是愛啊！

　　真心愛一個人是完全地信任，而不是以「查勤」的手段，滿足自己的安全感。

　　這樣的關係如同走在鋼索上，稍有不小心或是「誤會」，就會引發致命的衝突。這是一種以愛為包裝的佔有欲表現，從來都不是愛。

　　因為，你愛的是人，而不是一個物品。任何人都沒有將對方佔為己有的權利。

　　你們雖是不同的個體，卻應該都有共同在愛裡完整彼此的心願，而不是以愛為名，造就一段失衡的關係。

讓靈魂活出更好的樣子

你的不甘願，
都是曾經的心甘情願。

　　愛情一開始的激情，往往令人變得盲目，下意識地美化對方的缺點，就算心知肚明，所有甜言蜜語的背後，常常帶著有目的性的索求，直到對方無情地離去，你才會明白，無悔只是你切不斷這份激情的合理化藉口。

　　可是，你真的無悔嗎？你心裡悔恨的不甘願，讓你之後對愛保持著距離，才是和幸福不斷擦身而過的最大問題。

　　「愛」，雖然使人無法恰如其分地拿捏分寸，但過分偏倚的心甘情願，就是讓愛失衡的開始。

　　不要忘了，你對之前戀人的不甘願，也都是你當時的心甘情願！

把全部的人生寄託在另一個人身上，換來的大多是失望。

Momo 是台灣很被看好的年輕藝術家，除了創作外，在台中還擁有兩份穩定的教職工作。一年前認識了一位住在台北的男生後，只要休假就北上和男友相處、培養感情。三個月後，男友要求她放棄在台中的工作，來台北和他一起生活。

一開始她還猶豫再三，直到男友下了最後通牒：「妳如果不願意上來，就是不夠愛我，那就分手吧。」

Momo 害怕失去這段關係，立刻辭去台中兩份收入穩定的工作，帶著行李北上住在男友家。同居後的 Momo 在台北只找到兼職教小朋友畫畫的工作，其他大部分時間都在家做家事、等男友下班。

但兩人並未因為相處的時間變多而讓感情更為穩定，反而因為常常膩在一起，增加更多的摩擦。

在一次出遊途中，男友因為口角動怒，把 Momo 趕下車，並要她立刻從家裡搬出去。Momo 才知道，一年前為「愛」拋下一切，竟成了回不了頭的衝動，換來的只有後悔。

其實，不管你有多愛對方，都不要把自己的未來賭在另一個人身上。

所有的愛情，甚至是婚姻，都有可能因為時間拉長以後而改變。

這個改變，當然可能是因著兩人相處的智慧，成為更深的情感；但也可能是相愛容易相處難的遺憾。

所以，當你還幻想著愛情的不可變動，以人生的全部籌碼在梭哈，是既危險又毫無勝算，最後只能落得人生重來的處境。

但人生能重來幾次？你又有多少青春可以這樣揮霍呢？

不要因為失去而悲傷，
若它會失去，
它本來就不是你的。

讓靈魂活出更好的樣子

在愛情的關係裡，我們常因為害怕對方會離去，而想要緊緊抓在手中。

可是，人一直隨著時間流動，關係也跟著時時在改變。

如果我們可以把握在一起的美好，即使有一天不得不分離，也要感謝彼此生命裡的一段。

讓靈魂活出更好的樣子

恨會傷人，
但愛有時會更傷人。

當你只想用自己以為是愛的方法去對待另一個人，

卻從不在乎對方的感受，這樣的愛終究會讓彼此都受傷的。

你早知道他不愛你，
只是讓自己的捨不得在苟延殘喘。

愛是很微妙的，你從雙方的互動就會知道，彼此的關係走到什麼樣的階段。

但這並不是說「衝突」一定不好，有時候透過衝突，會有更多的彼此理解。但前提是，雙方都是站在維持一個更好關係的基礎上。

我的朋友最近一直被一段「感情」所困擾。說是感情，其實連他自己都不知道這是一段什麼樣的關係。

讓靈魂活出更好的樣子

他女朋友從不正面承認他們的關係，但她卻已經住在他的家裡，偶爾曖昧偶爾又冷淡，更經常一消失就是好幾天，傳訊息給她都是「已讀不回」，讓朋友長期處在焦慮擔憂的情況下，直到她回來，才能鬆一口氣。

　　我問他，你有跟她溝通你的擔心嗎？他說溝通無數次，但都沒有結論，她依然我行我素，像是一個陌生人。

　　一開始因為兩人戀愛，才會讓她住進家裡，但後來在每次溝通中，她都會強調他們不是情侶關係。

　　既然不是情侶，為什麼要讓對方一直住在家裡折磨自己呢？他說因為放不下。

　　就是這個「放不下」，讓很多人受困於情感關係裡，明明知道對方對自己沒有愛了，還用「放不下」來折磨自己！

　　所有的事情都可以靠努力去改變結果，唯獨「愛情」不是靠努力就會有用的。一旦其中一方心裡沒有愛的感覺，這段關係就是結束了！再多的表象虛偽和蜜語甜言都只是暫時的安撫，背後的利益計算才是對方的考量，這段關係在對方找到更好的目標時，他就會棄置你這個跳板，主動喊出結束。

　　你也明明知道對方的壞，只是不肯承認這個殘酷的真相，然後反覆折磨自己罷了！

　　說到底，問題在於你自己對情感的匱乏，依賴對方的存在來滿足心裡對情感的渴求，你難道不知道對方不愛你嗎？

　　你不能斷捨離，就會一直在這個漩渦裡打轉；你不能捨去對情感關係的「捨不得」，對方就能更理所當然地要，而你也會錯失能和你真正建立穩定關係的人，繼續在幻想裡苟延殘喘，消耗可貴的歲月。

　　這真的是你要的嗎？

愛裡的沉默
才不是金。

有時候，無法溝通的兩人就算是爭吵，也是因為還在乎彼此的關係。
而「沉默」才是對一個人最大的心死。

讓靈魂活出更好的樣子

你要的是幸福
還是婚姻？

結束「婚姻關係」，旁人或許覺得可惜，但勉強繼續一段已經沒有愛的關係，才是真正的遺憾。

在我母親那個視「離婚」為恥辱的年代，她得默默忍下先生的不忠、忍住被家暴不能吭聲、忍住小孩被凌虐卻無能為力的痛苦，直到眼看她的孩子隨時會被暴力終結生命，才敢鼓起勇氣離婚，獨自撫養兩個孩子長大成人。

從她離婚後，我就常常鼓勵她再婚。只是當時她畏於父權社會的壓力和眾人的眼光，就再也沒有談過感情。

前一陣子，我問她：「當時為了孩子而離婚，妳曾經後悔過嗎？」她竟然說：「我最後悔的是，離婚太晚，還害了你們受苦。」

如果時間可以重來，她會更早挺身保護自己和孩子，她也可以給自己一次幸福的機會。

我不知道以現在的社會氛圍，是否還有人會為了維持表面的「婚姻關係」，而隱忍自己不愛了的事實。

結束婚姻，當然內心得先經歷一個「放棄」的複雜糾葛，然後採取「再放下」的行動，這都需要非常大的勇氣。

但是，你要的是「婚姻」還是「幸福」？

不是放不下，
而是痛得不夠徹底。

當朋友向我傾訴他們在感情裡遇到的困擾後，我總是用理性去剖析這段關係的來龍去脈。有可能是某一方做一些調整就得以改變；但也有可能是，這段關係失衡到應該盡快告終，才能從痛苦中解脫。

通常，聽完分手建議的朋友，都會接下一句：「我知道我應該要結束這段關係了，但是我放不下。」

放不下怎麼辦呢？那就不要放啊！因為你痛得不夠徹底，等你痛到無法承擔時，你自己就會放下了！

說到底，你和另一半相處的細節，外人是無法窺視全貌的，在你痛苦的背後，一定也有些許滿足，是你從對方身上才能得到的，因此你才會繼續這段失衡的關係。

你比誰都清楚，這份需求足以讓你願意承受痛苦，作為關係下的交換。

以前，我旗下有一位女歌手，剛開始談戀愛時，無論在工作還是生活，事事都以男友的意見為主。

男友待人處事的霸道，成為她口中崇拜不已的男子氣概；他的花名在外，也成了她口中男人逢場作戲的必須。

直到她開始被酒後暴力對待，才跟我哭訴男友對她動手，以及口出惡言的惡形惡狀。

然而，當我勸她分手「家暴男」時，她卻反過來說對方其實也不是故意的，打完她後還會抱著她道歉，訴說自己內心的痛苦。

她說：「我不能在他最脆弱的時候離開他，而且我也放不下！」

這樣的戲碼重複了很多年，直到有一天，女歌手拜託我救她，因為對方已經不是用拳頭打她，而是以刀子威脅她了！這個時候，她才領悟到什麼叫「放下」。

但是，這樣的領悟會不會已經太晚了，而付出的代價，會不會也讓你錯失了最重要的人生？

我認為，放不下，只是因為你還能在對方身上看見你的需求；放不下也是因為對方還傷你不夠重。

當你扛不起，你就會放下了！怕只怕以後連要拿起的機會都沒有了，更別提什麼放下。

設立愛情的停損點，
才不至於一無所有。

選擇對象，就像選投資的標的物一樣。

在選擇前，就算你再怎麼理性分析研究，終究逃不過蜜月期過後，雙方都得彼此見真章。

這個時候，你才看見這個人真正的基本面，知道這是否就是你要的人。

但很多人明知選了一個錯誤的標的，卻捨不得停損，內心竟還在期待止跌回升，結果往往讓自己越陷越深，終究落得一無所有的地步。

要有「停損」的勇氣，才能留住籌碼，讓自己有重新選擇的機會。也許，下一個就是你心中最好的績優股。

有緣無分，
只是不愛了的託辭。

　　很多關係的結束，經常都以一句「有緣無分」化作句點。

　　兩個人能在茫茫人海中相遇，當然是有彼此的因緣牽引。但是，相遇不代表就能夠長久維繫好這段關係。

　　我們來自不同的家庭環境教育，養成不同的性格和生活態度，乃至在觀念上也一定存在著差距。

　　世界上不會存在天生完美的關係，要在彼此經營的關係裡找到長久的平衡，需要的是相處的智慧。

　　這個「智慧」不是只有妥協，更多的是要明白彼此心裡的需求，理解「存異」，從中「求同」，走向自在的相處。

　　當然，更多關係的相遇都是擦身而過。儘管如此，我們也應該讓每一段關係的結束，都能成為下一段關係的養分，而不是用一句「有緣無分」的託辭來掩飾自己的不愛。

讓靈魂活出更好的樣子

還沒有準備好靠岸，
卻放生別人的情感，
也是對自己愛情的糟蹋。

在感情關係中，不說分手原因就憑空消失，是最讓人心痛的結局。

有的人可能覺得和對方說再見，是一件難以啟齒的事；或者害怕對方不肯放手，見面不過是徒增尷尬；還是，你不想當說出分手決定的「壞人」。

不管理由為何，在你心裡下了「分手」這個決定，你就要有能力善後這段關係，不要讓對方「不明不白」地承受感情裡的傷，不告而別比說再見更讓人痛心。

我們一生也許會經歷幾段親密關係，每一個人來到你的生命裡，都是來彼此學習的。

沒有好好說再見，就像學生在考試時看到不會的題目便直接跳過，或是乾脆交白卷，等著下一次的補考。

但我保證，你不把這道跳過的題目好好研究、找出答案，下次重複的考題你一樣零分。

這就是人生，不存在任何僥倖，你遇到不同的人，卻會得到相同的結果，為什麼呢？

因為，是你自己沒有好好理解，感情，並不只有適不適合而已；此外，你自己內心裡對關係的恐懼、面對感情的態度，讓你注定只能在初級班裡不斷被死當。

「分手」不完全是壞事，假如彼此真的無法在一起，我們也要學著有能力承擔說分手的結果，並且對對方、對這段關係心懷感激，畢竟，你們也曾經有過一段幸福和快樂。

坦然面對，
才能真正地放下。

　　沒有不會受傷的分手。只是你以為，不喊痛，傷口就會自行痊癒。

　　很多人都在分手後，把自己原本對愛最純粹的感受隱藏起來，以為這樣就不會再一次經歷愛情帶來的痛苦。

　　更多時候，拿理性當特效藥，並注入各種忙碌，麻醉原本柔軟的心。

　　也因此，只要一有動心的念頭，就立刻轉身斬斷念想的套路能力，將之自許為對愛的免疫。

　　但你比誰都明白，你只是因為怕痛而抽出神經，藉以逃避愛的痛楚，並非是真正的「免疫」。

　　你在愛裡受了怎樣的傷，就要在愛裡學會怎樣面對。

　　要用誠實來凝視你的傷口，就算要大聲喊出清創時的痛苦，也不是什麼丟臉的事。

　　因為，只要還勇敢地相信，你就會有幸福的能力，能讓別人像你愛自己一樣地「愛你」。

不需隱藏，只要面對，
時間總會抹平傷痛。

　　我們心裡都有關於「愛」的傷口，但隱藏從來不是結痂的特效藥。

　　只有當我們願意承認它的存在，時間才有能力，讓傷痛重新圓滿愛。

　　如果我們有向死而生的勇氣，那麼，再深闇的恐懼，也不過只是人生的過場。

讓靈魂活出更好的樣子

讓靈魂活出更好的樣子

當你能撤掉恐懼，
就會發現「你勇敢了，你就是愛」。

　　當我們一次又一次地在關係中失望，就會開始畏懼被「以愛為名」的關係所傷害。

　　其實傷害你的，很多時候是你對自我消失的不安，所帶來的不確定而設下阻礙的框架。

　　於是，不管一開始有多麼濃烈的喜歡，一旦要形成「關係」，這個不安就會讓我們慣性地選擇逃避。

　　然後，渴望愛又害怕愛的矛盾，在我們的人生裡，反覆不已地糾結。

　　你要解決的問題，不是等待對的人出現，而是問自己究竟在逃避什麼？是社會讓我們都不相信愛了嗎？還是你總遇到不好的人？

　　其實，都不是。

　　真正的愛，要向你的內心尋找，而不是等待符合你標準的人來愛你。

在群體中

堅持自我

回到初心，
方有始終

　　我常常在臉書上發表對於人生課題的想法，它未必完全是正確的。因為每一個人承載的課題，都會給自己帶來完全不同於別人的生命經驗。

　　然而，萬事萬物都脫離不了因果的關係，如果我們不能意識到每一個生命課題背後隱藏的因緣，它勢必會以重複的方式再回到你的生命裡，逼到你面對為止。

　　當下，我們一定會感知到痛苦而抱怨命運不公，甚至懷疑自己做錯了什麼？為什麼是我？當這份執念根深柢固後，便又是一個輪迴的起點。

　　過去我的脾氣又直又拗，只要有心人一挑撥我和他人的關係，就很容易落入陷阱，造成情感的斷裂。那時

的自己理直氣又壯，只憤慨於自己所付出的真心竟然被糟蹋，又怎麼可能主動低頭向對方釐清事實要真相呢？

　　直到歲月一次又一次地給我教訓後，我才真正意識到，對自己轉念、對他人理解的必要性。這些都是付出過遺憾的代價，才能得到的一點點小智慧。

　　前幾年，我意外發現一個我信任多年的朋友，竟然在合作的過程中，利用不法手段，將我投資的金錢移轉到他的個人帳戶。這件事情讓當時的我初時大怒，進而不斷檢討自己，甚至動搖對人性的信任，更成了我心裡的陰影。

　　有一天，無意中看見一個小故事：

有一位經營企業的老闆，被他信任多年的財務捲款八千萬，這位老闆在盛怒下，跑去找證嚴上人，告訴她這件事。證嚴問他：「你損失了這八千萬，日子是否會有困難？」老闆回答說不會。證嚴於是說：「那麼，你就放下吧！凡事都有因果，既然錢都已經損失了，就不要讓這件事繼續造成你的痛苦！」

當時看到這個小故事，我情緒有很大的起伏，心想：為什麼要受害者放下，而讓作惡的人繼續逍遙法外呢？這種因果論的說法，我是無法接受的。

但我也開始反覆思考，如果不放下，我還能做什麼呢？就在不斷和自己內心辯證的過程中，也挑戰了我對於「信任」這個課題的信念。

原來，我太依賴自己的感覺，以此為基礎，建構了一個自以為牢固的關係，卻忽略了應以理性的觀察與判斷去檢視人性的脆弱面。

於是，我開始練習透過冥想的「轉念」，移除潛意識的錯誤信念，透過撕去意識層裡的受害人標籤，才有可能還原屬於自己信念上的原廠設定。

有一次，當我在臉書分享轉念帶給我的正面經驗，就有一位臉友帶著嘲諷的語氣留言：「最好是能透過轉念，說放就放啦！」

當然不容易啊！我也是從受傷的情緒裡漸漸走出來的。

因為，那不只是金錢的損失而已，而是對自己信念的動搖；那不是一個顯見的傷口，而是深不見底的無底洞。那裡的黑暗，也曾讓我質疑自己的光明，而看見一個會痛、會恨，也會想要報復的自己。

幸好，這些念頭只是風馳電掣而過，並沒有讓它成形，讓我有機會回到初心。

之後，在每一次面對人生的難題時，我都會想起這一句很受用的話：「面對它，處理它，然後放下它。」

時間帶走的是過客，
留下的就會是真心嗎？

顯然，我們對人性的感慨，只能交給時間來證明。

那這時間經過的歲月，我們有學到什麼關於人性的判斷智慧嗎？或只是任由光陰虛擲？

在我們的人生當中，每一個階段都來來回回了許多人，有時候是別人傷害了我們，也有時候是我們自己不懂得處理好關係，將緣分拒於門外，成為彼此的過客。

每個人都期望進入自己生命裡的人能夠真心相待，但我們也得先問問自己，是否有先付出我們的誠懇。

很多人會說，因為有過被背叛的經驗，而不敢真心實意地待人。這樣的想法，是來自於經驗上的感受。但換個角度想，你不先給出真正的你，別人憑什麼要交出真心？

但一再「真心換絕情」該怎麼辦呢？那就是要能培養智慧，讓自己有識人的能力了！

而這個智慧，絕不是因為年紀增長才會獲得，而是因為你有能抽離關係的能力，來觀照、判斷彼此互動中的起心動念。

要抽離關係看關係，才能讓偽裝的真心現形。

這時，你擁有的才會是朋友，不是過客。

讓靈魂活出更好的樣子

有人的地方
就會有「是非」。

　　人性本來就是善惡並存，每一個人都有他自己主觀利益上的選擇。

　　也因為每個人價值排序的不同，對別人和對自己的丈量，常常不是同一把尺。

　　所以，只要能保持心裡的良善和處事的智慧，不隨風起舞，所有的是非就能不佔心思，拍撣而去就好。

別讓你的善意
變成別人嘴巴裡的攀附。

在職場或是社交團體裡，也許大家表面都非常和諧，但一定有人會跟你比較要好，也有的人只是維持著可有可無的關係，你知道他沒那麼喜歡你的。

以前年輕時，我們總是會面面討好，幻想朋友就該像是一家人一樣，有緊密的情感。

但漸漸地，你會知道，迎合和遷就換來的友誼，只會讓你感到疲憊、心更累。

這樣的假面關係，並不值得你花時間經營，你也不需要為了顧全關係裡的大局而委屈了自己。

人和人本來就有對不對盤的問題，與誰好誰壞無關。

能讓彼此輕鬆、沒有壓力相處的才能是朋友，而話不投機半句多的，你也不用刻意拉近關係，好好做一個喜歡自己的你吧！

讓靈魂活出更好的樣子

溝通不難，
難的是只看見自己。

　　有時候我們不禁感慨，與人溝通，是一件很難的事，總覺得是對方不理解我們。

　　但要別人理解我們的想法，我們就得先有同理心，思考他是站在什麼樣的角度與心情，和我們在觀點上的差異究竟何在。

　　很多事情未必有對錯的二元對立，也不是非黑即白，只是對彼此都少了一點理解。

　　當你願意先放下自己的觀點與立場，「從同理心的角度思考，就能有機會跨越障礙，打破所有的隔閡」。

你其實不壞，
只是少了理解。

　　一樣東西在不同人眼裡，它的價值一定不會相同。除非是經過一個定價機制，獲得市場認同而有了標準。

　　更何況是「人」。待人處事，若涉及法律底線之外的道德層面，總難免會有多方分歧，每個人有各自不同的解讀。

　　我們常以自己的標準為標準，解讀別人的想法和行為，因而無法真正理解背後的脈絡，產生同理心的感受。

　　結果造成了更多的隔閡和誤會，也錯失了原本可以擁抱彼此的機會。

　　「不要對人、對事物發生的當下，就立刻做出自己的結論。」

讓靈魂活出更好的樣子

在別人的關係裡，
你以為的真相未必是真相。

　　有一位朋友，待人接物總是拘謹有禮，說話也是老實沉穩，聽到任何違背世俗道德框架的事，他總是會皺起眉頭，表示無法認同。

　　他的另一半是一個個性較外向、喜歡交朋友的人。後來，兩人因為個性不合而分手。

　　朋友說起這段關係，總是委屈地訴說對方的各種問題。

　　聽在耳裡，我們便以為對方是一個個性跋扈、喜歡拈花惹草的人，紛紛為朋友能結束這段關係而慶幸。

　　但過了一段時間，才輾轉知道兩人分手的真正原因，其實是我的朋友背地劈腿了他另一半的好朋友！

　　當一干朋友知道真相後，驚訝到下巴都要掉下來，這跟我們所認識的不是同一個人吧！

　　只因為他是我們的朋友，看起來又最無害，而且還是高度道德的擁護者，我們就認定他一定是感情的「受害者」？

　　這就是我們的盲點，感情裡的是非對錯，連當事人都無法釐清，更何況旁觀者！

　　真正在一起的又不是我們，別人關係裡的細節，跟聽到的也未必相同，我們怎能去評斷誰對誰錯呢？

生命沒有標準答案，
何必議論別人的人生。

每一個人所選的道路都值得被尊重，沒有一定的對錯標準。

不管是誰，只要能選擇自己想要的道路，他就是自己生命裡的英雄。

讓靈魂活出更好的樣子

太在乎別人的評價，
結果選擇了對不起自己。

　　生活中，我們要面對的人太多，怎麼可能滿足所有人對自己的期待呢？

　　其實，我們不用想跟每一個人都做朋友，選擇和自己頻率相同的人相處就好。

讓靈魂活出更好的樣子

別讓你的「多做」
換來對方認為的「多餘」。

你對別人的好，要用在對方需要時。

一廂情願地付出，常常只會換來你為自己的不值，甚至感到心寒。

這是一個需要彼此「互助」的社會，我們也應該經常心懷善念，竭盡自己所能，給予需要幫助的人。

但是，當你的「為你好」不是對方真實的需求，反而會讓對方心裡不舒服。

在給予之前，要先能理解對方此時真正的需要，才不會變成善意的負擔。

「退讓」是要留給
跟你一樣善良的人。

讓靈魂活出更好的樣子

人和人之間都是有不同想法的，當關係有利益衝突的時候，有的人會據理力爭到兩敗俱傷；也有人會以委屈的姿態，讓自己不斷地退讓。

這兩種態度，都不是有智慧的處理方式。

「人情留一線，日後好相見」當然是在處理衝突時，要先秉持的原則。

因為你的得理不饒人，只會讓事情和關係走到越發不可收拾的地步；但沒有底線地一再退讓，也只會讓對方步步進逼，最後讓自己掉入無可挽回的深淵。

其實，我們的退讓都是為了要「成全」好的關係，或是要能讓事情走到好的結果才對。

所以，在堅持和退讓之間，我們自己心裡也要有一把可以讓到幾分的「尺」來作為衡量。

必要時，
你應該自私。

　　我們都知道，愛是一種發自內心的付出。沒有人可以只收獲別人的好，而不願意付出。

　　但在利益的社會中，卻充滿只懂得要，卻不願意給的人。

　　你不斷地付出後，久而久之就會變成「應該的」。之後，你偶爾的拒絕，便會成為別人口中的「惡」。

　　所以，你對人的好，是需要有條件的，不是每一個人都值得我們無悔地給予。

　　對於那些把別人的幫助當成「應該的」的人，我們要學習的不是無私，而是有條件的「自私」。

　　記得，即便你一再為了符合別人的期待而付出，卻不會就此得到信任和感激。

　　要先學會說不，把援手留給需要拉一把的人，才會得到應有的尊重。

不經思考地給予也會成為惡。

　　我們常有這樣的經驗：在關係中受挫時，會不斷問自己，
「為什麼我給你這麼多，你卻這樣對我？」然後越發感到痛苦。

　　通常這樣的情形發生，有兩種狀況。

　　一是你希望自己的付出能夠得到對方的認同，但貪得無厭
的對方想要更多，當你給不起或給得不夠多時，只會讓對方變
本加厲地情緒勒索。

　　二是，你給的，是他不想要的。這最常發生在感情關係裡，
你只用自己愛的方式付出，卻從來不去理解對方的需要，因而
讓對方越離越遠。

　　沒有愛是不付出的，但付出前要先看見彼此的需求，才能
穩固這段關係，不經思考地付出是不會有好結局的，有時候你
的不付出反而是一種愛。

沒有誰可以決定
另一個人的人生。

　　不要總是用自己主觀的「為你好」，來指揮別人該怎麼過好他的人生。

　　也許，面對自己心愛的人，我們會擔憂他無法在逆境裡做出對的選擇，而急著用我們的經驗來幫對方決定。

　　但每一個人所處的狀態不同，你的經驗也未必是對方的正確答案。

　　讓他靠「犯錯」的經驗值累積，他才能有自己解決問題的能力。

　　這世界，能扛起自己的人永遠是自己。

讓靈魂活出更好的樣子

讓靈魂活出更好的樣子

人心往往是
換不回人心的。

　　有時候我們會對人性感慨：「為什麼我對他那麼好，他卻倒打一耙來傷害我？」

　　因為，你的付出對他來說是理所當然，只要有一次，你讓他覺得不舒服，他便可能視你為敵人。

　　有個「升米恩，斗米仇」的故事：

　　從前，有兩戶人家是鄰居，其中一家比較富裕。

　　有一年，天災導致田中顆粒無收。窮的一家沒了收成，生活無以為繼。

　　富的一家有很多糧食，就給窮人家送去了一升米，救了急。窮的一家非常感激救命恩人。

　　熬過最艱苦的時刻後，窮人就前去感謝富人。

　　說話間，談起明年的種子還沒有著落，富的一家慷慨地說：「這樣吧，我這裡的糧食還有很多，你再拿一斗去吧！」

　　窮人千恩萬謝地拿著一斗米回家了。

　　回家後，家裡人說，這斗米能做什麼？根本就不夠明年地裡的種子，他們太過分了，既然這麼有錢，就應該多送我們一些糧食！

　　這話傳到了富人耳朵裡，他很生氣，心想，我白白送你這麼多的糧食，你不僅不感謝我，還把我當仇人一樣忌恨。

　　於是，本來關係不錯的兩家人，從此成了仇人，不相往來。

　　現實就是如此，我們一味地想做好人，卻是好了別人後，被倒打一耙來讓自己受苦。

在利益面前，
才能分辨誰是真正的朋友。

　　常常以為身邊跟你往來最深的人才是真朋友，真心交付信任，而往往在對方藉由你的資源人脈取得利益之後，你才後知後覺地發現，對方平日的熱情之下，包藏的竟是「唯利是圖」。

　　沒有經過時間和利益的考驗，通常很難辨認誰才是真正用心的真朋友。

　　可惜的是，在利益導向的現實世界，很多人都是帶著「目的性」來交友。這樣的人，讓你損失的不僅是金錢，更多的是對人性的信任折損。

　　但也不是每個人都具備這人性之惡，我們自己要有智慧，判斷你究竟需要什麼樣的朋友；你在無意之間流露的「大方」，是不是讓你成為他人眼中的「肥羊」，這才讓「有心人」被吸引而來？

　　我們與惡的距離當然不遠，人性的貪婪與自私早在社會化的過程中，植入不同的人心裡。但差別就在於個人的「價值選擇」，決定你會成為一個什麼樣的人。

不怕壞人多，
怕的是自己理智斷了線。

　　每一個人的性格裡，都有不同比例的理性和感性。理性
過頭的人，很難和他人真正交心；而太過感性的人，卻會死在
交心的人手裡。

　　大多數人常依賴自己的感覺看人，我也曾仗著自己過去
在職場上「識人」的能力，而慘遭背叛。

　　當有人在生活中一些小事物上給予協助時，我都會認真
放在心上感謝。

　　但也因此錯把私下以為的好，累積成對對方的信任，導
致被欺騙的嚴重後果。

　　在這過程裡，我們也不是沒看到對方在言語行為上的「露
餡」，卻總說服自己，那只是小奸小惡的小缺點，而忽略了這
些行為動機上的來龍去脈，不知不覺造成我們「識人」的盲目
誤區。

　　往往等到對方「東窗事發」，我們才驚覺自己被欺騙。
但此時，大部分人早已人財兩失，除了悔恨，別無其他。

其實，我們絕對有能力避免「被欺騙」的最壞結果。

從細微處觀察一個人對待他人的態度、從言語裡聽出邏輯是否前後矛盾，再看他處理問題的方式，這些都是讓我們能看清楚一個人、有跡可循的判斷。

再怎麼完美的騙局，只要我們能保持理性地檢驗，都是有機會讓自己損失到最小而脫身的。

怕就怕我們自己「輕忽」，才會讓騙子利用關係的拉攏手段有機可乘。

不必跟人性陰暗爭輸贏，
隨他人的惡意起舞。

　　不要懷疑人性，這世上永遠有比你想像的更壞、更沒有底線的人，會出現在你的生活裡。

　　但是，不要因此就跟他比壞，因為壞是沒有下限的。

　　在我們的成長過程裡，不論是職場或是朋友圈，總會遇到幾個價值倒錯、心術不正、利益薰心的小人。

　　有時候，我們能分辨出這樣的人而遠離；但也有時候會在受到傷害後，才知道學會識人的代價如此沉痛。

　　我們大可不必天真地以為每個人都是善良的。

　　因為貪瞋癡的習性，本來就是人性的一部分。

　　大部分人能透過教育自我省思、找回良善的初心；但也有的人受到環境影響，自甘墮落而不自知。

當我們受到傷害時，難免也會為了自保而反擊。

於是，一不小心就會和我們原本討厭的人成了同類。

無論你對這世界有多麼失望，因人性的陰暗而多麼沮喪，

都不要忘記自己對於人生是有選擇權的，你可以選擇躲在陰暗角

落，成為永遠的受害者，當然也可以選擇轉身，做更好的自己。

讓靈魂活出更好的樣子

因果不該是
壞人的護身符。

　　你曾有在被人惡意傷害時，朋友以「就當前輩子欠他的」作為安慰的經驗嗎？

　　這樣的安慰真的有讓我們放下嗎？也有可能你相信了這樣的說法，結果發現怎麼前輩子欠的人越來越多！

　　我是相信萬事萬物都有因果存在的。但因果不能成為惡人可以作惡的藉口，也不能是要被害者放下的理由。

　　我們當然要適時放下被傷害的痛苦，才不會讓這個陰影如影隨形。

　　但是，放下之前得要先有加害者面對自己作惡的悔悟，和被害者面對被傷害的過程，學習處理、願意放下、不要重複被傷害經驗的智慧。

　　絕不是以一句前世欠對方，就能和解心裡的傷痛。

　　我認為，因果論是用來警惕惡人天理昭彰，不要作惡的法則。

　　但不能拿來作為要求被害者應當放下的安慰劑。

每個人的時間都很有限，
無須浪費在不需要的人身上。

　　你的生命中，來往過多少所謂的朋友？在時間過篩後，又剩下多少人呢？

　　每個人都有各自的性格和價值觀，雙方初始相遇、往來互動就會知道彼此的脾性。

　　真的不需要刻意維持表面的關係，所有勉強來的緣分，都只會讓你損失更多。

讓靈魂活出更好的樣子

會淡去的感情，
就算不是有意，
也是無心。

以前的「我愛你」總在心裡口難開；現在的「我愛你」多到分不出是真情還是假意。

過去，我經常花很多時間在經營朋友之間的關係，還自許是一個「可以沒有愛人，但不能沒有朋友」的人。

直到時間軸被拉長以後才發現，那些陪你喝酒談心、陪你快樂悲傷、陪你走過風雨的兄弟姊妹，陪你的真心也只限當下。

總在歲月過篩後，才知道有的人善於精算利益的多寡，有自動調整彼此距離的能力，比起臉書的演算法觸及還更為精準。

所以人與人之間的來往，絲毫不需要勉強，更不要急著建立親密感。

別拿自己的一腔熱血，倒在人家的心如止水上，還繼續浪費時間在無謂的傷心感嘆！

歲月，一定能幫你過濾掉不值得的人。

沒有過站不停的陪伴，
終點只能自己下車。

人生的旅程，最後都得一個人獨自經歷。

每一個在你旅途中上車的人，也都會在旅途中下車。

既然終點只能自己到達，那曾擁有過的幸福和苦痛，

在該放手時就要學會放手。

讓靈魂活出更好的樣子

讓靈魂活出更好的樣子

作　　　　者　田定豐

攝　　　　影　洪健哲（Frank Hung）

責　任　編　輯　楊如玉

版　　　　權　吳亭儀

行　銷　業　務　周丹蘋、賴正祐

總　編　輯　楊如玉

總　經　理　彭之琬

事業群總經理　黃淑貞

發　行　人　何飛鵬

法　律　顧　問　元禾法律事務所　王子文律師

出　　　　版　商周出版

　　　　　　　城邦文化事業股份有限公司

　　　　　　　台北市中山區民生東路二段 141 號 9 樓

　　　　　　　電話：(02) 2500-7008　傳真：(02) 2500-7759

　　　　　　　E-mail：bwp.service@cite.com.tw

發　　　　行　英屬蓋曼群島商家庭傳媒股份有限公司城邦分公司

　　　　　　　台北市中山區民生東路二段 141 號 11 樓

　　　　　　　書虫客服服務專線：(02) 25007718・(02) 25007719

　　　　　　　24 小時傳真服務：(02) 25001990・(02) 25001991

　　　　　　　服務時間：週一至週五 09:30-12:00・13:30-17:00

　　　　　　　郵撥帳號：19863813　戶名：書虫股份有限公司

　　　　　　　讀者服務信箱 E-mail：service@readingclub.com.tw

　　　　　　　歡迎光臨城邦讀書花園 網址：www.cite.com.tw

香 港 發 行 所　城邦（香港）出版集團有限公司

　　　　　　　香港灣仔駱克道 193 號東超商業中心 1 樓

　　　　　　　Email：hkcite@biznetvigator.com

　　　　　　　電話：(852) 25086231　傳真：(852) 25789337

馬 新 發 行 所　城邦 (馬新) 出版集團 Cite (M) Sdn. Bhd.

　　　　　　　41, Jalan Radin Anum, Bandar Baru Sri Petaling, 57000 Kuala Lumpur, Malaysia

　　　　　　　Email：services@cite.my

　　　　　　　電話：(603)90563833　傳真：(603)90576622

經　　　　紀　唱戲世界娛樂事業有限公司

　　　　　　　Email：Lisley.yes007@gmail.com

設 計、排 版　大象設計

印　　　　刷　高典印刷有限公司

經　銷　商　聯合發行股份有限公司

　　　　　　　電話：(02)2917-8022　傳真：(02)2911-0053

　　　　　　　地址：新北市 231 新店區寶橋路 235 巷 6 弄 6 號 2 樓

2022 年 10 月初版　Printed in Taiwan

定價 400 元　　　　著作權所有・翻印必究

ISBN 978-626-318-419-0

國家圖書館出版品預行編目資料

讓靈魂活出更好的樣子 / 田定豐著、洪健哲（Frank Hung）攝影；初版 .-- 臺北市：商周出版；城邦文化事業股份有限公司出版；
英屬蓋曼群島商家庭傳媒股份有限公司城邦分公司發行；2022.10　面 17x22 公分　ISBN　978-626-318-419-0（平裝）1. 人生哲學　191.9　111014259

104台北市民生東路二段141號11樓

英屬蓋曼群島商家庭傳媒股份有限公司　城邦分公司

- -

請沿虛線對摺，謝謝！

書號：BK5201	書名：讓靈魂活出更好的樣子	編碼：

 商周出版

讀者回函卡

線上版讀者回函卡

感謝您購買我們出版的書籍！請費心填寫此回函卡，我們將不定期寄上城邦集團最新的出版訊息。

姓名：＿＿＿＿＿＿＿＿＿＿＿＿＿＿＿＿＿＿＿＿＿ 性別：□男　□女

生日：西元＿＿＿＿＿＿＿＿年＿＿＿＿＿＿月＿＿＿＿＿＿日

地址：＿＿＿＿＿＿＿＿＿＿＿＿＿＿＿＿＿＿＿＿＿＿＿＿＿＿

聯絡電話：＿＿＿＿＿＿＿＿＿＿　傳真：＿＿＿＿＿＿＿＿＿＿

E-mail：

學歷：□ 1. 小學 □ 2. 國中 □ 3. 高中 □ 4. 大學 □ 5. 研究所以上

職業：□ 1. 學生 □ 2. 軍公教 □ 3. 服務 □ 4. 金融 □ 5. 製造 □ 6. 資訊

　　　□ 7. 傳播 □ 8. 自由業 □ 9. 農漁牧 □ 10. 家管 □ 11. 退休

　　　□ 12. 其他＿＿＿＿＿＿＿＿＿＿＿＿＿＿＿＿＿＿＿＿＿

您從何種方式得知本書消息？

　　　□ 1. 書店 □ 2. 網路 □ 3. 報紙 □ 4. 雜誌 □ 5. 廣播 □ 6. 電視

　　　□ 7. 親友推薦 □ 8. 其他＿＿＿＿＿＿＿＿＿＿＿＿＿＿＿＿

您通常以何種方式購書？

　　　□ 1. 書店 □ 2. 網路 □ 3. 傳真訂購 □ 4. 郵局劃撥 □ 5. 其他＿＿＿＿

您喜歡閱讀那些類別的書籍？

　　　□ 1. 財經商業 □ 2. 自然科學 □ 3. 歷史 □ 4. 法律 □ 5. 文學

　　　□ 6. 休閒旅遊 □ 7. 小說 □ 8. 人物傳記 □ 9. 生活、勵志 □ 10. 其他

對我們的建議：＿＿＿＿＿＿＿＿＿＿＿＿＿＿＿＿＿＿＿＿＿＿＿

　　　　　　＿＿＿＿＿＿＿＿＿＿＿＿＿＿＿＿＿＿＿＿＿＿＿＿＿＿

　　　　　　＿＿＿＿＿＿＿＿＿＿＿＿＿＿＿＿＿＿＿＿＿＿＿＿＿＿